La Buena Cocina

La Ternera

clínica Sotomayor
COLCHONES

Realización editorial
Thema Equipo editorial, S. A.
C/ Córcega, 91-93
08029 Barcelona

Impresión: Mateu Cromo, S.A.
ISBN: 84-95060-36-1
Depósito legal: M-7.726-2004
Impreso en España / Printed in Spain

SUMARIO

Hamburguesa de ternera	**4**
Cordón Bleu con salsa	5
Corona de arroz con ternera en salsa de cerveza	**6**
Escalopines de ternera con jamón y salvia	8
Ternera rellena	**9**
Frikadeller	10
Albóndigas a la cerveza	**12**
Köttbullar	13
Anticuchos de ternera	**14**
Matahambre al horno	15
Albóndigas con pasta	**16**
Saltimbocca	17
Pastel de carne express	**18**
Redondo de ternera a la florentina	19
Plato combinado exquisito	**20**
Plato combinado inglés	21
Pastel de carne y riñones de ternera	**22**
Waterzooi	24
Filetes de ternera empanados	**25**
Lomo de ternera al vino	26
Potaje de ternera con huevo	**27**
Blanqueta de ternera	28
Estofado de ternera con vino blanco	**30**
Schnitzel	31
Albóndigas en salsa	**32**
Guisado de carne de ternera	33
Solomillo de ternera en su salsa	**34**
Osso bucco a la milanesa	35
Escalopinas al limón	**36**
Churrasco a la parrilla	37
Riñones salteados con vino tinto	**38**
Pot-au-feu	39
Solomillo «tres sabios»	**40**
Sillbullar	41
Hígado de ternera con tomate	**42**
Albóndigas del sur	43
Escalopes de ternera con queso	**44**
Guiso de ternera a la aragonesa	45
Chuletas a la boloñesa	**46**
Chuletón a la parrilla	47
Hígado a la veneciana	**48**
Sesos de ternera a la mantequilla	49
Ternera con sidra a la Villaviciosa	**50**
Crêpes rellenos de carne al queso	52
Ternera en salsa	**54**
«Cap i pota» con pimientos	55
Fiambre de ternera	**56**
Lengua de ternera estofada	57
Hígado a la andaluza	**58**
Ternera con jamón y queso	59
Entrante de hígado	**60**
Estofado de ternera	61
Ternera con setas	**62**

Hamburguesa de ternera

Ingredientes para 4 personas:

❖ 400 g de carne picada de ternera ❖ 4 lonchas de queso ❖ 100 g de bacon ahumado ❖ 1 cebolla ❖ 1 huevo ❖ 60 g de mantequilla ❖ 2 dientes de ajo ❖ 4 cucharadas de ketchup ❖ perejil ❖ sal ❖ pimienta ❖ 4 panecillos

Preparación

1. Para comenzar la preparación de estas hamburguesas habría que poner en un bol la carne y añadir el ajo y el perejil, muy picaditos, y salpimentarlo al gusto. Agregarle el huevo y mezclar muy bien. Hacer cuatro trozos iguales y darles forma de hamburguesa.

2. En una sartén con una cucharada de aceite freír las hamburguesas y reservar calientes. Hacer lo mismo con el bacon.

3. Partir los panecillos y untarlos con mantequilla. Tostarlos un poco en la sartén y colocar dentro la hamburguesa, una loncha de queso, otra de bacon y una rodaja de cebolla.

4. Regar los bocadillos con ketchup y servir.

Cordón Bleu con salsa

Ingredientes para 4 personas:

❖ 8 escalopas de ternera muy finas ❖ 4 lonchas de jamón cocido ❖ 4 lonchas de queso gruyère ❖ 1 vasito de vino dulce ❖ harina ❖ mantequilla ❖ sal ❖ pimienta ❖ 200 g de espaguetis y salsa de tomate para acompañar

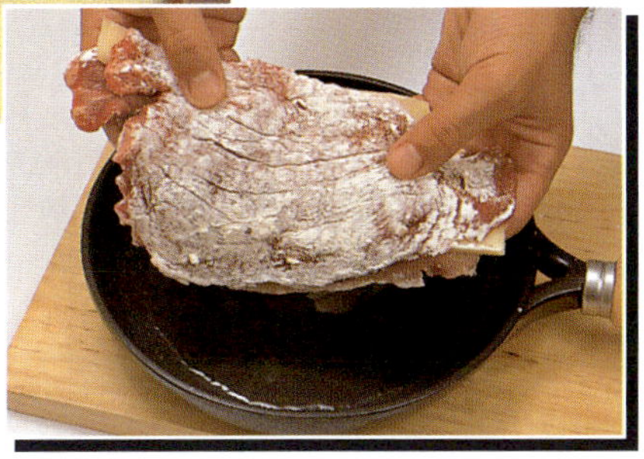

Preparación

1. Sazonar las escalopas con sal y pimienta. Colocar sobre 4 de ellas una loncha de jamón y una de queso y cubrirlas con las escalopas restantes.

2. Cerrar bien los bordes con ayuda de palillos y rebozarlas en harina.

3. En una sartén grande con mantequilla, dorar la carne por ambos lados.

4. Agregar el vino y cocerlas, con la tapadera puesta y a fuego suave durante 10 minutos.

5. Servir calientes, acompañadas con el jugo de la cocción y los espaguetis hervidos y mezclados con salsa de tomate.

Corona de arroz con ternera en salsa de cerveza

Ingredientes para 6 personas:

❖ 1 1/2 kg de aguja de ternera ❖ 1/2 kg de arroz ❖ 1 hoja de laurel
❖ 2 cebollas ❖ 4 zanahorias ❖ 1 vaso de cerveza
❖ 1 cucharada sopera de harina
❖ 2 cucharadas soperas de aceite ❖ 50 g de mantequilla
❖ 1 cucharada sopera de perejil picado ❖ sal

Preparación

1. En un cazo grande poner la carne a trozos, las zanahorias, lavadas, raspadas y cortadas en dos a lo largo, una cebolla pelada y cortada en dos trozos, la hoja de laurel, la cerveza, reservando tres cucharadas, sal, y agua fría hasta que la carne quede bien cubierta. Dejar cocer durante 1 hora con la tapa puesta, y de vez en cuando ir quitando la espuma que se forma encima del agua.

2. En otra cacerola poner 1 litro de agua, sal, una hoja de laurel y el arroz, que se dejará cocer hasta que quede tierno. Escurrirlo, refrescarlo y reservarlo.

3. En una sartén calentar el aceite y la mantequilla y rehogar una cebolla previamente picada. Cuando empiece a dorarse añadir la harina, darle unas vueltas y verter las 3 cucharadas de cerveza que habíamos reservado, y muy poco a poco el caldo de cocer la carne, previamente colado. Remover esta salsa con unas varillas y dejar cocer unos 10 minutos.

4. Verter la salsa dentro de la carne y dejar cocer 10 minutos, añadiendo agua, si fuese necesario.

5. En un molde poner el arroz y dejar unos minutos, para que coja forma. Desmoldarlo en una fuente de servir y verter en el centro la carne. Regar los bordes de la fuente con salsa y adornar el arroz con trocitos de zanahoria cocida y con perejil picado.

6. Servir caliente.

Escalopines de ternera con jamón y salvia

Ingredientes para 4 personas:

❖ 8 escalopes finos de ternera ❖ sal ❖ salvia ❖ 8 lonchas muy finas de jamón de Parma o jamón ahumado de York ❖ pimienta blanca recién molida ❖ 70 g de mantequilla para freír ❖ 4 cucharadas de vino blanco

Preparación

1. Secar los escalopines y golpearlos ligeramente para ablandarlos.

2. Poner encima de cada escalope una loncha de jamón y la salvia. Sujetarlos con un palillo.

3. En una sartén calentar 40 g de mantequilla y freír en ella los escalopines por ambos lados, a fuego vivo, entre 6 y 8 minutos. Sacar la carne de la sartén y ponerla en una fuente precalentada.

4. Mezclar el jugo de la carne de la sartén con el vino. Darle un hervor y añadir los otros 30 g de mantequilla en trocitos. Verter la salsa por encima de la carne y servir caliente.

Este plato puede acompañarse de espinacas y patatas fritas.

Ternera rellena

Ingredientes para 4 personas:

❖ 4 filetes de ternera ❖ 100 g de judías verdes ❖ 100 g de zanahorias ❖ 100 g de patatas ❖ 2 cucharadas de ketchup ❖ aceite ❖ sal ❖ pimienta

Preparación

1. Pelar las patatas y las zanahorias y cortarlas en trozos. Quitar las hebras de las judías y cortarlas en tres trozos cada una. Cocer estas verduras con agua y sal hasta que estén tiernas.

2. Escurrir las verduras y hacer un puré, añadiendo dos cucharadas de ketchup.

3. A continuación salpimentar los filetes de ternera y freírlos por los dos lados en una sartén con un chorrito de aceite.

4. Enseguida rellenar los filetes con el puré de verduras y enrollarlos.

5. La ternera preparada de esta manera conforma un plato que se sirve frío.

Frikadeller

Ingredientes para 4 personas:

❖ 250 g de carne picada de ternera
❖ 250 g de carne picada de cerdo ❖ 90 g de harina
❖ 1 huevo (o 1 clara) ❖ 1 cucharada de sal
❖ 1/2 cucharadita de pimienta negra molida
❖ 1 cebolla rallada ❖ 3 dl de agua o leche
❖ margarina o mantequilla para freír ❖ 1 lombarda
❖ 1 dl de zumo de grosella ❖ 1/2 dl de vinagre
❖ 1/2 cucharadita de azúcar
❖ 4 patatas pequeñas

Preparación

1. Mezclar la carne con la harina, la sal, la pimienta, el huevo y la cebolla. Añadir poco a poco el agua o la leche (al gusto) hasta conseguir una masa no demasiado líquida. Si se deja reposar, admitirá más líquido.

2. En una sartén derretir la mantequilla hasta que no quede ninguna burbuja de aire. Apartar la sartén del fuego, untar una cuchara con esta mantequilla y coger una bola de carne picada, formando un frillake, es decir, una albóndiga de la forma y tamaño de una patata pequeña.

3. Hacer albóndigas con toda la carne picada, ponerlas en la sartén con la mantequilla que reste y calentar al fuego. Dejar cocer durante 5 minutos, darle la vuelta a las albóndigas y cocer 5 minutos más. Reservar al calor.

4. Preparar la lombarda cortándola a cuartos, quitándole las hojas feas y el tallo duro. Lavarla bien, secarla y cortarla en tiras finas. Derretir la mantequilla en una olla, añadir el zumo de grosella, el vinagre, el azúcar y la sal. Dejar cocer unas dos horas aproximadamente.

5. Servir el frikadeller, de procedencia danesa, con la lombarda caliente y con unas patatas cocidas y cortadas en rodajas.

Albóndigas a la cerveza

Ingredientes para 4 personas:

❖ 400 g de carne picada de ternera ❖ 2 salchichas grandes ❖ 2 vasos grandes de cerveza ❖ 2 dientes de ajo ❖ 1 1/2 pastillas de caldo ❖ leche ❖ aceite ❖ laurel ❖ sal ❖ pimienta ❖ perejil ❖ miga de pan ❖ 2 huevos

Preparación

1. Abrir las salchichas, sacarles la carne y mezclarla con la carne picada, el ajo y el perejil, muy picadito, la miga de pan, remojada en leche, y los huevos. Cuando esté bien mezclado hacer las albóndigas.

2. El siguiente paso en la preparación de este plato es freír las albóndigas en una sartén con abundante aceite. Retirarlas y ponerlas en una cazuela. En el aceite de hacer las albóndigas freír la cebolla picada y verter en la cazuela junto con la cerveza, las pastillas de caldo desmenuzadas, una hoja de laurel, sal y pimienta. Dejar cocer durante 15 minutos.

3. Servir este plato muy caliente.

Köttbullar

Ingredientes para 4 personas:

❖ 400 g de carne mezclada de ternera ❖ pimienta negra molida ❖ 1 cucharadita de cebolla rallada ❖ sal ❖ 1 huevo ❖ 1 dl de agua ❖ 2 patatas cocidas y frías ❖ margarina o mantequilla para freír ❖ lechuga para decorar

Para la salsa:

❖ 3 dl de caldo de carne ❖ 2 cucharadas de harina ❖ 1 dl de nata líquida ❖ salsa de soja ❖ sal ❖ pimienta

Preparación

1. Machacar o rallar las patatas cocidas y mezclarlas con el huevo, la carne, la cebolla rallada, el agua, la sal y la pimienta.

2. Enseguida formar albóndigas del tamaño de una nuez pequeña.

3. A continuación freír estas albóndigas en una sartén con la margarina o mantequilla, a fuego moderado, hasta que estén doradas. Sacarlas y colocarlas en una fuente un poco honda.

4. Ligar el jugo que ha quedado en la sartén con el caldo y colarlo sobre una cacerola. Espesarlo con la nata, en la que se habrá diluido la harina y la salsa de soja. Salpimentar y rociar sobre las albóndigas.

Este plato es tradicional de Suecia y se come acompañado de una mermelada realizada con un fruto de la familia del arándano.

Anticuchos de ternera

Ingredientes para 4 personas:

❖ *1 corazón de ternera* ❖ *1 cucharadita de ajos molidos* ❖ *1 cucharadita de cominos* ❖ *1/2 vaso de vinagre de vino* ❖ *2 cucharaditas de pimentón picante* ❖ *pimienta negra* ❖ *sal* ❖ *cebolla* ❖ *1 pimiento rojo* ❖ *1 pimiento verde*

Preparación

1. En un mortero majar los ajos, los cominos, el ajo, el vinagre, la pimienta y la sal.

2. En una fuente colocar el corazón partido en trocitos, verter la mezcla anterior por encima y dejar macerar durante 6 horas.

3. Insertar los trozos de carne el pinchos largos, alternándolos con un trozo de pimiento rojo, otro de pimiento verde y otro de cebolla, previamente cortado en tacos.

4. Asar los pinchos en la parrilla e ir rociando con salsa de adobo, para que no se queden secos.

5. Colocarlos en una fuente y servir caliente.

Matahambre al horno

Ingredientes para 6 personas:

❖ 1 kg de aleta de ternera (la parte grasa inferior) cortada en tiras de unos 10 cm de lado ❖ 3 cebollas ❖ 3 tomates ❖ un manojo de perejil ❖ 3 dientes de ajo ❖ sal ❖ orégano ❖ aceite ❖ 1 guindilla

Preparación

1. En una fuente para horno colocar la carne con la grasa hacia abajo y condimentar con sal, orégano y la guindilla picadita.

2. A continuación espolvorear con perejil y ajo, picados muy finamente, y abundantes rodajas finas de cebollas y tomates.

3. Rociar con un poco de aceite y meterlo en el horno previamente calentado durante 30 o 35 minutos.

4. Servir caliente.

Albóndigas con pasta

Ingredientes para 6 personas:

❖ 1/2 kg de espaguetis ❖ 3/4 de kg de carne picada de ternera ❖ 1 bote de tomate frito natural triturado ❖ 1 vaso de vino blanco ❖ 2 huevos ❖ leche ❖ miga de pan ❖ orégano ❖ sal ❖ pimienta ❖ aceite ❖ azúcar

Preparación

1. En un bol grande mezclar la carne picada con la miga de pan remojada en leche, los huevos, sal y pimienta al gusto. Formar bolitas y rebozarlas con harina. Freírlas en una sartén con aceite y reservar.

2. En una sartén con una cucharada de aceite freír el tomate, el vino, sal, orégano y una cucharadita de azúcar. Dejar al fuego durante 15 minutos.

3. En una cazuela con abundante agua y sal cocer los espaguetis hasta que estén «al dente». Escurrir y servir en una fuente, colocando las albóndigas y la salsa en el centro.

4. Servir caliente.

Saltimbocca

Ingredientes para 4 personas:

❖ 8 escalopas de ternera ❖ 8 escalopas de jamón crudo de igual tamaño ❖ 100 g de jamón magro ❖ salvia ❖ 1 vaso de vino blanco seco ❖ caldo ❖ mantequilla ❖ 1 taza pequeña de jugo de asado ❖ 1 cebolla ❖ 25 g de harina ❖ 200 g de arroz ❖ 100 g de manteca de cerdo ❖ 50 g de queso rallado ❖ unas hebras de azafrán ❖ perejil ❖ sal

Preparación

1. Aplastar las escalopas para que queden finas, salarlas y pincharlas con un palillo. Poner sobre cada una una loncha de jamón magro y en su centro espolvorear con salvia, tapándola por último con otra escalopa de ternera.

2. En una cacerola pequeña rehogar el jamón cortado y la cebolla picada. Cuando se empiece a dorar, añadir el arroz y un poco de caldo. A los 10 minutos de su cocción agregar el azafrán y dejar cocer otros 10 minutos más en el horno. Unos minutos antes de estar listo, añadir el queso rallado y una cucharada de mantequilla.

3. Mientras se cuece el arroz, pasar las escalopas por harina y freírlas con mantequilla o manteca de cerdo por los dos lados. Cuando estén fritas todas, echar el vino en la sartén y mezclarlo con la grasa que haya sobrado de freír la carne. Dejarlo cocer hasta que se reduzca a la mitad, incorporando entonces el jugo del asado y un trozo de mantequilla.

4. Verter esta salsa por encima de los saltimboccas, espolvoreándolos con perejil picado.

Los saltimboccas, originarios de Italia, se suelen acompañar de un arroz bien condimentado.

Pastel de carne express

Ingredientes para 6 personas:

❖ 750 g de carne picada de ternera ❖ 2 huevos ❖ 1 panecillo ❖ 1 cucharada de piñones ❖ 1 diente de ajo ❖ 1 vaso de vino blanco ❖ 2 pastillas de caldo ❖ 1/4 de kg de zanahorias ❖ 1/2 kg de patatas francesas ❖ 1/2 kg de repollo

Preparación

1. Mezclar la carne con el diente de ajo muy picado, los huevos, la miga de pan del panecillo mojada en leche y los piñones. Formar dos rollos con esa masa y rebozarlos con harina.

2. En una cazuela de fondo grueso poner un chorro de aceite y rehogar los rollos de carne. Añadir el vino blanco, un vaso de agua y las pastillas de caldo. Pelar las zanahorias y las patatas, partir el repollo en juliana y añadir todo a la cazuela, tapándola. Dejar cocer hasta que la carne y las verduras estén tiernas.

3. En una fuente de servir poner la carne en filetes y las verduras alrededor. Verter la salsa del cocido en una salsera.

4. Servir caliente.

Redondo de ternera a la florentina

Ingredientes para 6 personas:

❖ 1 kg de carne de ternera picada ❖ 1/2 kg de espinacas congeladas ❖ 1 lámina de masa de hojaldre ❖ 2 huevos ❖ 1 cucharadita de tomillo ❖ 2 yogures ❖ mantequilla ❖ 250 ml de nata líquida ❖ 1 manojo de cebollitas tiernas ❖ 1 cucharada de pimienta verde ❖ maíz ❖ sal ❖ pimienta

Preparación

1. Condimentar la carne picada con sal, pimienta y tomillo. Añadir los huevos y mezclarlo bien.

2. Engrasar con aceite una hoja de papel de aluminio. Extender la carne sobre ella dejando alrededor un borde de unos 10 cm. Colocar en el centro una tira de espinacas, descongeladas y escurridas.

3. Enrollar la carne sobre sí misma, con ayuda del papel de aluminio. Cerrar éste herméticamente y cocerlo al vapor durante 30 minutos. Retirar el papel cuando esté templado.

4. Extender la lámina de hojaldre, colocar sobre ella el rollo de ternera y pintar los bordes de la masa con huevo batido. Envolver la carne presionando bien los bordes, para que queden unidos.

5. Ponerlo en una placa de horno engrasada con mantequilla y hornear durante 20 minutos, hasta que esté dorado.

6. Preparar una salsa mezclando los dos yogures, la nata líquida y la pimienta verde. Salpimentar y mezclar con las cebollitas picadas.

7. Servir el redondo acompañado de una ensalada de maíz y de la salsa de yogur.

Plato combinado exquisito

Ingredientes para 1 persona:

❖ *1 filete de ternera* ❖ *100 g de guisantes congelados* ❖ *50 g de jamón serrano* ❖ *mantequilla*
❖ *1 patata mediana* ❖ *1 lechuga* ❖ *aceite* ❖ *sal*

Preparación

1. En una olla con agua y sal poner a cocer los guisantes. Escurrirlos y reservar.

2. Pelar las patatas, lavarlas, cortarlas y freírlas en una sartén con abundante aceite.

3. Partir el jamón en trocitos y rehogarlo en una sartén con un poco de mantequilla. Añadirle los guisantes y rehogarlos junto al jamón.

4. Lavar y cortar la lechuga, y aliñarla con aceite, vinagre y sal. En un plato de servir hacer un lecho de lechuga y colocar encima el filete, los guisantes y el jamón y las patatas fritas.

5. Servir muy caliente.

Plato combinado inglés

Ingredientes para 1 persona:

❖ *1 filete de ternera* ❖ *2 patatas* ❖ *1 lechuga* ❖ *1 huevo* ❖ *1/4 de l de leche* ❖ *50 g de mantequilla* ❖ *1 escarola* ❖ *1 bote de remolacha cocida* ❖ *1 lata de atún en aceite* ❖ *100 g de aceitunas* ❖ *aceite* ❖ *pan rallado* ❖ *sal* ❖ *pimienta* ❖ *ajo* ❖ *perejil*

Preparación

1. En una olla con abundante agua y sal cocer las patatas con piel. Pelarlas y pasarlas por el pasapurés, añadiendo la leche, la mantequilla y un poco de sal. Reservar al calor.

2. Lavar y picar la escarola. Mezclarla con un poco de remolacha cocida y las aceitunas.

3. Picar el perejil y el ajo muy menuditos y untar el filete con ello. Rebozar el filete en huevo y en pan rallado. Freírlo en una sartén con aceite y escurrirlo luego con papel de cocina.

4. Colocar la ensalada en un plato de servir y aliñarla con aceite, vinagre, limón y sal. Añadir al plato el filete y el puré de patatas y servir caliente.

Pastel de carne y riñones de ternera

Ingredientes para 6 personas:

❖ 1 kg de rosbif ❖ 1 riñón de ternera ❖ 1 cucharada de harina
❖ 1 cucharadita de sal
❖ 1/2 cucharadita de pimienta negra recién molida ❖ 60 g de mantequilla
❖ 2 cebollas ❖ 1/4 de l de agua
❖ 1 hoja de laurel ❖ 2 ramitas de tomillo

Para la pasta:

❖ 200 g de harina de trigo ❖ 1/2 cucharadita de sal ❖ 100 g de mantequilla
❖ 3 cucharadas de agua

Preparación

1. Para elaborar la pasta tamizar la harina en un recipiente hondo y mezclar con sal. Cortar una cuarta parte de la mantequilla en dados y mezclar con la harina. Añadir agua y amasar con las manos hasta conseguir una pasta lisa y uniforme.

2. Extender la pasta sobre una superficie enharinada y añadir la segunda cuarta parte de la mantequilla en trocitos. Doblar la pasta en dos y extender de nuevo. Volver a poner trocitos de mantequilla por encima, doblar de nuevo la pasta, extender y repetir el proceso por tercera vez.

3. Envolver la pasta en una hoja de papel de aluminio y guardar en la nevera 30 minutos.

4. Cortar en dados la carne y los riñones. Mezclar la harina con la sal y la pimienta y enharinar los dados de carne y de riñones. Sacudir la harina sobrante.

5. Calentar la mantequilla en una sartén y freír la carne y los riñones. Retirar de la sartén y poner en una cazuela.

6. Pelar las cebollas, cortar en tiras y freír en el mismo aceite que la carne, procurando que no tomen color.

7. Regar con el agua, añadir la hoja de laurel y el tomillo y dejar hervir. Verter la salsa de cebolla por encima de la carne y dejar a fuego moderado y tapado durante 1 hora.

8. Precalentar el horno a 225 °C. Engrasar un molde alargado y poner el relleno. Extender la pasta sobre una superficie enharinada. Recortar una lámina del tamaño adecuado para tapar y colocar por encima. Cortar tiras del resto de la pasta y cubrir con ellas el borde para que el pastel quede bien cerrado.

9. Colocar a altura media en el horno durante 10 minutos. A continuación bajar la temperatura a 175 °C y hornear 20 minutos más, hasta que el pastel esté dorado.

10. Servir este plato inglés bien caliente.

Waterzooi

Ingredientes para 6 personas:

❖ 1/2 jarrete grande de ternera ❖ 1 pollo de 1 kg ❖ 10 ramas de apio ❖ 2 zanahorias grandes ❖ 2 puerros ❖ aceite ❖ 1 cucharada rasa de harina ❖ 1 cucharada de mantequilla o margarina ❖ 2 yemas de huevo ❖ 1/2 vasito de zumo de limón ❖ tomillo ❖ laurel ❖ pimienta ❖ perejil ❖ sal

Preparación

1. Limpiar el pollo y cortarlo en trozos grandes. Los despojos, bien limpios, se ponen a cocer junto con el jarrete, también limpio, en una olla con dos litros de agua, el puerro, cinco ramas de apio y una zanahoria cortada en trozos grandes. Sazonar y dejar cocer 2-3 horas a fuego suave.

2. Mientras, lavar el resto del apio, el puerro, la otra zanahoria, y picarlo todo bien.

3. En una cacerola grande echar un chorro de aceite y dorar los despojos y la ternera. Agregar después el pollo y un poquito de cada hierba. Darle unas vueltas y agregar el caldo colado. Llevar a ebullición y mantener hasta que el pollo esté tierno.

4. Hacer una bechamel con la mantequilla y el resto del aceite, la harina y un poco de caldo, procurando que no quede demasiado clara. Añadir la bechamel a la cacerola.

5. Mezclar las yemas de huevo con el limón, añadiendo un poco de caldo. Verter esta mezcla al caldo y servir enseguida.

Esta especie de sopa es originaria de Bélgica. No importa que el pollo se deshaga. Lo más importante es que la bechamel consiga darle al caldo un aspecto aterciopelado.

Filetes de ternera empanados

Ingredientes para 4 personas:

❖ 8 filetes de ternera de unos 100 g cada uno ❖ 2 huevos ❖ pan rallado ❖ leche ❖ aceite ❖ sal

Preparación

1. Aplastar los filetes con el puño para que queden bien aplanados.
2. En una fuente un poco grande, batir los huevos y mezclar con 1 vasito de leche.
3. Poner pan rallado en un plato.
4. Poner a remojar los filetes en la mezcla de huevo y leche.
5. Dejarlos al menos 30 minutos para que queden bien impregnados de la mezcla.
6. Pasado ese tiempo retirarlos y salarlos.
7. Seguidamente rebozarlos con el pan rallado y freírlos por ambos lados en una sartén con aceite de oliva muy caliente.
8. Antes de servirlos dejar que pierdan el exceso de aceite con un papel secante.

Lomo de ternera al vino

Ingredientes para 4 personas:

❖ 1 trozo de lomo de unos 600 g ❖ 1 kg de patatas ❖ 1 vaso de vino blanco ❖ mantequilla ❖ aceite ❖ sal

Preparación

1. Espolvorear la carne con sal.

2. En una cazuela con aceite caliente, dorar por ambos lados el lomo.

3. Disponer la carne en una fuente para horno y rociarla con el jugo de su cocción.

4. Llevar a horno normal y dejarla unos 20 minutos.

5. Al cabo de ese tiempo, rociarla con el vino blanco y dejarla en el horno el tiempo necesario hasta que quede en su punto.

6. Seguidamente en una sartén con mantequilla derretida, añadir el jugo de cocción de la carne y darle unos hervores.

7. Disponer la carne cortada en rodajas en una fuente para servir, rociar con la salsa y acompañar con patatas hervidas con piel y peladas.

Potaje de ternera con huevo

Ingredientes para 6 personas:

❖ 1/4 de kg de carne de ternera ❖ 6 cucharadas de arroz ❖ 1 cebolla ❖ 3 yemas de huevo ❖ 1 cucharada de pimentón dulce ❖ harina ❖ perejil ❖ vinagre ❖ aceite ❖ sal

Preparación

1. Pelar y picar la cebolla.
2. Trinchar finamente el perejil.
3. Cortar la carne en pedacitos.
4. A continuación, en una cazuela con aceite hirviendo, dorar la carne durante unos minutos, retirarla y conservarla aparte.
5. En el aceite restante, sofreír la cebolla a fuego lento, hasta que quede transparente.
6. Volver a poner la carne en la cazuela, espolvorearla con una cucharada de harina, mezclarla, retirar la cazuela del fuego y añadir el pimentón.
7. Rociar la carne con 1/4 de litro de agua, espolvorear con sal y dejar a fuego normal 15 minutos.
8. Añadir el arroz, mezclarlo con la carne y dejar 15 minutos más en el fuego.
9. Mientras, batir en una taza las tres yemas de huevo con una cucharada de vinagre y medio cucharón de caldo de la sopa.
10. Verter la mezcla anterior en la cazuela, mezclar durante unos segundos, recubrir con el perejil picado y servir caliente.

Blanqueta de ternera

Ingredientes para 4 personas:

❖ 600 g de pierna o pecho de ternera ❖ 1 cebolla ❖ 1 zanahoria ❖ 1 limón ❖ 1 ramito de hierbas aromáticas (laurel, tomillo, perejil, etc.) ❖ clavo de especia ❖ sal ❖ pimienta

Para la salsa:

❖ 200 g de cebollitas ❖ 200 g de champiñones ❖ 50 g de mantequilla ❖ 1 dl de caldo de carne ❖ 1 cucharada de azúcar ❖ 2 cucharadas de harina ❖ 2 yemas de huevo

Preparación

1. Cortar la carne en trozos regulares y dejarla en agua durante 1 hora.

2. Escurrir la carne y ponerla en una cacerola con agua fría, añadiéndole la cebolla y la zanahoria enteras, las hierbas aromáticas, el clavo de especia, la pimienta y la sal; tapar y cocer a fuego moderado durante 45 minutos o hasta que la carne esté tierna.

3. Pelar las cebollitas y cocerlas en una olla aparte con la mitad de la mantequilla, el azúcar y el caldo de carne; reservar.

4. Lavar bien los champiñones, quitándoles la base arenosa del tronco; saltearlos ligeramente en una sartén y reservarlos.

5. Cuando la carne esté cocida, sacarla con la espumadera y enseguida pasar el caldo por un colador fino.

6. Derretir el resto de la mantequilla en una cacerola y añadirle la harina, removiendo bien y, después de dejar cocer unos segundos, agregar el caldo colado removiendo continuamente; continuar la cocción unos 10 minutos.

7. Batir las yemas de huevo con unas gotas de limón y agregar a la salsa, removiendo con rapidez; dejar hervir unos instantes y añadirle las cebollitas y los champiñones, sin dejar de remover.

8. Colocar la carne de ternera en una fuente y bañarla con la salsa muy caliente.

Estofado de ternera con vino blanco

Ingredientes para 4 personas:

❖ 1 kg de carne de ternera, aguja o morcillo ❖ 1 cebolla ❖ 600 g de patatas ❖ 1 cabeza de ajos ❖ 1 hoja de laurel ❖ tomillo ❖ pimienta ❖ 1 dl de vino blanco seco ❖ 1/2 l de aceite ❖ sal

Preparación

1. Trocear la ternera en dados de unos 3 cm.

2. Pelar y cortar la cebolla y los ajos, éstos en forma de filete.

3. En una cazuela de barro, poner los dados de ternera, la cebolla y el ajo. A continuación, verter 1 1/2 dl de aceite, el vino, y 1 dl de agua. Añadir las hierbas aromáticas y salpimentar.

4. A continuación habría que tapar la cazuela y dejar que cueza lentamente durante 1 hora y 30 minutos, aproximadamente.

5. Pelar y cortar en dados las patatas; freírlas en abundante aceite.

6. Cuando el estofado esté en su punto, añadir las patatas fritas y escurridas, darle unas vueltas.

7. Servir en la misma cazuela.

Schnitzel

Ingredientes para 4 personas:

❖ 4 filetes finos de ternera ❖ 4 filetes de anchoa ❖ 2 huevos ❖ 50 g de pan rallado ❖ 2 limones ❖ 4 aceitunas rellenas ❖ aceite de oliva ❖ 50 g de mantequilla ❖ 200 g de judías verdes tiernas ❖ perejil ❖ sal ❖ pimienta

Preparación

1. Primeramente, aplanar los filetes con un mazo de madera o con un rodillo y quitarles la grasa, si la tienen; salpimentarlos.

2. Batir un huevo y pasar primero por él, uno por uno, los filetes y después por el pan rallado, presionándolo bien con los dedos para que quede adherido.

3. Calentar en una sartén el aceite y dorar por ambos lados las escalopas; sacarlas y escurrirlas sobre papel absorbente.

4. Exprimir un limón; hervir las judías verdes y cocer un huevo durante unos 10 minutos.

5. Quitar el aceite de la sartén y poner en ella la mitad de la mantequilla; derretirla y añadir el jugo del limón y el huevo duro y el perejil picados, dejándolos en el fuego unos instantes.

6. Derretir el resto de la mantequilla y rehogar las judías hervidas.

7. Colocar las escalopas en una fuente y sobre cada una de ellas un poco de salsa y un filete de anchoa enroscado en una aceituna rellena.

8. Adornar con rodajas de limón y acompañar con las judías tiernas.

9. Servir enseguida.

Albóndigas en salsa

Ingredientes para 4 personas:

❖ 400 g de carne de ternera picada ❖ 100 g de tocino picado ❖ 1 cebolla ❖ 1 pimiento asado y pelado ❖ 2 dientes de ajo ❖ 1 huevo ❖ 1 rebanada de pan ❖ leche ❖ perejil ❖ pimienta ❖ 1 hoja de laurel ❖ pimentón ❖ 100 g de harina ❖ 1/2 dl de vino blanco ❖ 3 dl de aceite de oliva

Preparación

1. En un bol, amasar la carne de ternera y el tocino, junto con el ajo y perejil picados; incorporar la miga de pan remojada con leche y añadir el huevo fresco; salpimentar, trabajar bien y dejar descansar unos 20 minutos.

2. Pasado este tiempo, formar las albóndigas, enharinarlas y freírlas en una sartén con aceite caliente.

3. Cuando estén doradas, retirarlas y disponerlas en una cazuela de barro.

4. En el mismo aceite, rehogar la cebolla cortada fina y, cuando empiece a tomar color, espolvorear con 1 cucharadita de harina y un poco de pimentón.

5. A continuación, bañar con el vino blanco y 2 dl de agua, aromatizar con la hoja de laurel y dejar dar unos hervores.

6. Verter esta salsa sobre las albóndigas.

7. Dejar cocer lentamente, removiendo a menudo la cazuela.

8. Cuando las albóndigas estén en su punto, rectificar de sal y pimienta.

9. Añadir el pimiento cortado en tiras y retirar el laurel.

10. Servir en la misma cazuela.

Guisado de carne de ternera

Ingredientes para 4 personas:

❖ 600 g de carne de pierna de ternera en un trozo ❖ 3 cebollas medianas ❖ 3 zanahorias ❖ 100 g de mantequilla ❖ 2 dl de caldo de carne ❖ 1/2 dl de aceite de oliva ❖ sal ❖ pimienta

Preparación

1. Atar la carne con hilo de bramante para que no se deforme.

2. Salpimentar.

3. En una cazuela de barro, colocar la carne y cubrirla con el aceite y la mantequilla.

4. Seguidamente, rehogarla a fuego vivo, dorándola por todos sus lados.

5. A continuación, incorporar las zanahorias y las cebollas peladas y cortadas en trozos grandes.

6. A continuación dejar rehogar durante unos 20 minutos más.

7. Cuando esté todo bien dorado (carne, zanahorias y cebollas), bañarlo con el caldo de carne y dejar cocer lentamente, tapado, durante unos 50 minutos.

8. Seguidamente, cuando la carne esté cocida, retirarla del fuego, dejar enfriar, sacar el bramante y cortar en trozos regulares.

9. Disponer los trozos en una bandeja y servir rociados con la salsa de la cazuela previamente pasada por el chino.

Solomillo de ternera en su salsa

Ingredientes para 4 personas:

❖ 800 g de solomillo de ternera, en un trozo ❖ 1 cebolla ❖ 1 zanahoria ❖ 1/2 kg de patatas ❖ 2 dientes de ajo ❖ harina ❖ 30 g de mantequilla ❖ 1/2 dl de leche ❖ 2 dl de vino blanco seco ❖ aceite ❖ sal ❖ pimienta

Preparación

1. Salpimentar y enharinar el solomillo.

2. En una cacerola al fuego, calentar el aceite y dorar el solomillo a fuego vivo. Mantener hasta dorar todo por igual formando una costra.

3. Seguidamente, verter el vino y añadir la cebolla troceada, la zanahoria pelada y cortada en rodajas y los dientes de ajo en láminas. Dejar cocer a fuego moderado.

4. A medio cocer, añadir un poco de agua caliente y dejar que acabe de cocer lentamente.

5. Cuando esté en su punto, retirar y dejar que se enfríe. Pasar la salsa por el colador chino y verterla sobre la carne.

6. Mientras, hervir las patatas en agua y sal hasta que estén blandas. Pasar enseguida por el pasapurés y mezclar con la mantequilla y un poco de leche.

7. Trabajar un poco el puré para que quede fino y suave. Disponerlo en un bol para servir.

8. Finalmente, calentar de nuevo la carne en la salsa y servir acompañada del puré de patatas, en recipientes separados.

Osso bucco a la milanesa

Ingredientes para 4 personas:

❖ 4 rodajas de jarrete de ternera ❖ 1 cebolla ❖ 1 diente de ajo ❖ 75 g de mantequilla ❖ 2 1/2 dl de vino blanco ❖ 5 dl de caldo de ternera ❖ harina ❖ 1 cucharada de perejil picado ❖ piel de 1/2 limón ❖ sal ❖ pimienta negra

Preparación

1. Pelar y picar la cebolla, majar el ajo y freír ambos en una cacerola con mantequilla derretida.

2. Cuando la cebolla se vuelve transparente, añadirle la carne enharinada.

3. Dorar la carne por ambos lados, salpimentar y agregar el vino.

4. Dejar evaporar el líquido y añadirle el caldo hasta cubrir la carne; tapar la cacerola y cocer a fuego suave durante 1 hora y 30 minutos.

5. Remover con una cuchara de madera, de vez en cuando, y añadirle agua si se espesa demasiado.

6. Para finalizar esta preparación habría que rallar la piel de limón y espolvorear con ella y el perejil unos 5 minutos antes de servir.

Escalopinas al limón

Ingredientes para 1 persona:

❖ 100 g de escalopinas, cortadas finísimas ❖ 1 cucharada de zumo de limón ❖ 10 g de mantequilla ❖ 10 g de harina ❖ perejil ❖ sal ❖ pimienta

Preparación

1. Primeramente habría que poner a calentar la mantequilla a fuego suave.

2. Enharinar apenas las escalopinas; freír en la mantequilla. Salpimentar.

3. Una vez hechas las escalopinas, rociarlas con zumo de limón. Dejar que tomen sabor un momento en la sartén tapada, mantenida a fuego mínimo o incluso sobre el quemador ya apagado.

4. Pasarlas a un plato caliente y espolvorear por encima perejil picado.

Churrasco a la parrilla

Ingredientes para 4 personas:

❖ *1 kg de carne para churrasco (lomo, cuadril o paleta)* ❖ *sal* ❖ *pimienta recién molida*

Preparación

1. Cortar la carne en 4 churrascos gruesos.

2. Preparar el fuego y calentar la parrilla; asarlos a fuego moderado de un lado y después de otro procurando no pincharlos.

3. Enseguida salpimentar y servir; generalmente se acompaña con ensalada de lechuga y tomate o patatas hervidas o fritas.

4. Este plato de carne también puede prepararse a la plancha, calentándola muy bien, previamente, antes de poner los churrascos.

Riñones salteados con vino tinto

Ingredientes para 2 personas:

❖ 250 g de riñones de ternera ❖ 50 g de cebolla ❖ 25 g de mantequilla ❖ 1/4 dl de vino tinto ❖ 15 g de harina de maíz (opcional) ❖ sal ❖ perejil ❖ 1 diente de ajo muy pequeño

Preparación

1. Cortar los riñones a trocitos y eliminar la grasa y los conductos.

2. Echarlos en un colador de agujeros grandes junto con un puñado de sal; removerlos y dejar en reposo durante unas 2 horas.

3. Transcurrido este tiempo, aclarar abundantemente durante unos 15 minutos bajo un chorro de agua fría; de vez en cuando, revolverlos para que desprendan toda la sal. Dejar escurrir.

4. Entre tanto, picar menuda la cebolla.

5. Enseguida poner los riñones limpios y escurridos en una cacerolita; echar por encima la cebolla; incorporar también la mantequilla (o un par de cucharadas de aceite de oliva).

6. Cocer a fuego muy suave durante unos 30 minutos.

7. Mientras se cuecen los riñones, picar el ajo y perejil; añadir el vino a la picada y agregarlo todo a la cazuela; dejarlo cocer todo junto 5 minutos más.

8. Si la salsa resulta clara, incorporar la harina de maíz, diluida con un poco de agua fría. Comprobar el punto de sal y cocer 5 minutos más. En caso de no gustar el ajo, condimentar con un poco de pimienta molida.

Pot-au-feu

Ingredientes para 6 personas:

❖ 1 kg de tapa o contratapa de ternera ❖ 600 g de falda de ternera ❖ 2 huesos de ternera ❖ 4 puerros ❖ 8 zanahorias ❖ 6 nabos ❖ 2 cebollas ❖ 1 apio ❖ 4 clavos de especia ❖ laurel ❖ tomillo ❖ rebanadas de pan ❖ queso rallado ❖ sal ❖ pimienta en grano

Preparación

1. Primeramente verter en una olla 4 litros de agua fría y añadir la carne, los huesos y una cucharada de sal; tapar, llevar a ebullición y dejar hervir a fuego suave durante 1 hora.

2. A continuación habría que preparar y atar los puerros, y clavar los clavos de especia en las cebollas, una vez peladas.

3. Agregar las zanahorias, las cebollas, el laurel y el tomillo a la carne; cocer unos 30 minutos más.

4. Añadir los puerros, el apio, los nabos y 10 granos de pimienta; si es necesario, agregar un poco más de agua.

5. Cocer a fuego moderado durante 1 hora y 30 minutos.

6. Desgrasar el caldo y servirlo en tazas, con rebanadas de pan tostado y queso rallado.

7. Trinchar la carne y colocarla en una fuente con las verduras alrededor.

8. Acompañar con mostaza, pepinillos, etc. al gusto de la persona.

Solomillo «tres sabios»

Ingredientes para 4 personas:

❖ 700 g de solomillo en un trozo ❖ 2 cucharadas de miel ❖ 2 cucharadas de mostaza ❖ 2 cucharadas de finas hierbas para sazonar ❖ 25 g de mantequilla ❖ sal ❖ pimienta ❖ 1 limón

Preparación

1. Calentar el horno a 220 °C.

2. Frotar el solomillo con limón, salpimentarlo y embadurnarlo con la mostaza.

3. Colocar el solomillo en una fuente refractaria; espolvorearlo con las finas hierbas y distribuir por encima la mantequilla a trocitos.

4. Introducir la fuente en el horno y asar la carne durante unos 15 minutos.

5. Pasado este tiempo, dar la vuelta a la carne; asar unos 10 minutos más.

6. Sacar el solomillo, cubrirlo con la miel y meterlo de nuevo en el horno otros 10 minutos.

7. Servirlo inmediatamente.

Sillbullar

Ingredientes para 6 personas:

❖ 6 arenques frescos ❖ 1 kg de carne de ternera picada ❖ 300 g de patatas ❖ 4 cebollas ❖ 100 g de uvas pasas ❖ 50 g de harina ❖ 300 g de azúcar ❖ 1 dl de vinagre ❖ 3 dl de caldo de carne ❖ sal ❖ aceite

Preparación

1. Pelar y cocer las patatas en abundante agua ligeramente salada; escurrirlas y hacerlas puré.

2. Abrir y lavar los arenques, quitarles las espinas y picarlos en trocitos.

3. Pelar y picar finas las cebollas; ponerlas en un bol, junto con el puré de patata, los arenques y la carne picada.

4. Sazonar la mezcla, amalgamar bien y hacer albóndigas.

5. Enseguida freír las albóndigas en abundante aceite caliente.

6. A continuación mezclar en un recipiente pequeño el azúcar y el vinagre, y poner a fuego suave hasta formar un caramelo.

7. Después agregar la harina al caldo y añadirlo al caramelo, junto con las pasas; hervir a fuego suave durante unos 4 minutos.

8. Finalmente regar las albóndigas con esta salsa y servir.

Hígado de ternera con tomate

Ingredientes para 6 personas:

❖ 500 g de filetes de hígado de ternera ❖ 2 cucharadas de sake ❖ 4 cucharadas de maicena ❖ jengibre ❖ 3 tomates medianos maduros ❖ 1 puerro ❖ 1 diente de ajo ❖ 5 cucharadas de manteca ❖ 2 cucharadas de salsa de soja ❖ 1 cucharada de azúcar ❖ pimienta molida

Preparación

1. Dejar 1 hora los filetes en agua fría.

2. Escurrir y cortar en trozos finos y sazonar con sake y un chorrito de jengibre.

3. Rebozarlos con maicena y saltear.

4. Enseguida cortar el tomate en trozos y quitarle las semillas.

5. Calentar la manteca, saltear los ajos picados y el puerro, añadir los tomates y los hígados salteados.

6. Finalmente sazonar con salsa de soja, azúcar, sake y pimienta.

Albóndigas del sur

Ingredientes para 6 personas:

❖ 200 g de carne de ternera ❖ 2 pechugas de pollo ❖ 3 huevos ❖ 200 g de jamón graso ❖ 2 dientes de ajo ❖ 1 limón ❖ perejil ❖ pan rallado ❖ harina ❖ pimienta negra ❖ azafrán ❖ aceite ❖ sal

Preparación

1. Picar en la máquina la carne de ternera y las pechugas juntas.

2. En una fuente honda, colocar toda la carne picada y añadir el pan rallado, el ajo picado, el perejil picado, la pimienta, el azafrán, dos huevos, la sal y el zumo de limón.

3. Amasar bien toda la pasta y hacer albóndigas con las manos.

4. Pasar las albóndigas por harina y freírlas con abundante aceite.

5. En una olla al fuego con un poco de agua, agregar los huesos de las pechugas, el jamón graso y un poco de aceite de la sartén.

6. Seguidamente dejar hervir 30 minutos y agregar las albóndigas.

7. A continuación dejar cocer todo junto durante 40 minutos más.

8. Retirar los huesos, añadir una yema de huevo y el jamón magro picado.

9. Servir caliente.

Escalopes de ternera con queso

Ingredientes para 6 personas:

❖ 6 escalopes de ternera ❖ 6 lonchas de queso de nata ❖ 3 cucharadas de salsa de tomate ❖ zumo de limón ❖ 1 vasito de jugo de asado ❖ 25 g de mantequilla ❖ pimienta ❖ estragón ❖ sal

Preparación

1. Asar los escalopes en la plancha y untados de mantequilla.

2. Dar únicamente una vuelta por cada lado.

3. Sazonar con sal y pimienta.

4. Echar el jugo que han soltado en una fuente de horno y añadir el zumo de limón.

5. Colocar encima los escalopes, embadurnar el interior de la fuente con un poco de mantequilla y cubrir con lonchas de queso.

6. A continuación habría que espolvorear con estragón, y de inmediato repartir por encima las cucharadas de salsa de tomate.

7. Meter en el horno caliente para gratinar durante unos 10 minutos.

Guiso de ternera a la aragonesa

Ingredientes para 4 personas:

❖ 1 1/2 kg de aguja de ternera ❖ 100 g de zanahoria ❖ 100 g de cebolla ❖ 1 puerro ❖ 1 ramita de apio ❖ 2 vasos de leche ❖ 2 cucharadas de harina ❖ 1 dl de aceite de oliva ❖ sal

Preparación

1. Cortar la carne en trozos regulares; pelar la cebolla y trocearla; raspar y cortar en trocitos la zanahoria; trocear el puerro y el apio.

2. A continuación habría que poner abundante agua con sal en una olla y cocer la carne con las verduras; una vez que hierva, habría que espumar, reducir y cocer a fuego suave durante 1 hora y 20 minutos o hasta que la carne esté tierna.

3. Sacar la carne del caldo; colar unas dos tazas de caldo.

4. Calentar en una olla la leche con un poquito de sal; añadir el aceite; retirar del fuego, agregar la harina, diluirla bien y volver a poner al fuego; agregar el caldo reservado y remover durante 3 minutos.

5. Incorporar la carne y cocer 5 minutos más, procurando que no se queme.

6. Servir el guiso repartiéndolo en los platos.

Chuletas a la boloñesa

Ingredientes para 4 personas:

❖ 4 chuletas de ternera ❖ 4 lonchas de jamón serrano ❖ 2 huevos
❖ 2 cucharadas de queso parmesano rallado ❖ 100 g de pan rallado ❖ 1 trufa ❖ 3 cucharadas de mantequilla ❖ sal

Preparación

1. Batir las yemas de los huevos; cortar en 4 porciones la trufa.

2. Enseguida aplastar un poco las chuletas, salarlas y pasarlas primero por el huevo batido y después por el pan rallado.

3. Fundir la mantequilla en una sartén y freír las chuletas; sacarlas y ponerlas en una fuente para horno.

4. Depositar sobre cada chuleta una loncha de jamón, un poquito de queso y un trocito de trufa; cocer al horno moderado hasta que el queso se haya fundido.

5. Servir calientes.

Chuletón a la parrilla

Ingredientes para 4 personas:

❖ 4 chuletones de ternera ❖ 2 pimientos rojos ❖ 1 limón ❖ 3 dientes de ajo ❖ aceite ❖ sal

Preparación

1. Pelar y machacar los dientes de ajo en el mortero.

2. Exprimir el limón y conservar el zumo.

3. En una fuente honda, disponer los chuletones, rociarlos con un buen chorro de aceite, zumo de limón y recubrirlos con los ajos machacados.

4. Mientras, calentar unas parrillas sobre unas abundantes brasas de leña.

5. Cuando las brasas estén al rojo y las parrillas calientes, disponer sobre ellas los chuletones.

6. Darles la vuelta, rociándolos de vez en cuando con un poco de aceite de su maceración, logrando que queden hechos por fuera y jugosos por dentro.

7. Espolvorearlos con sal antes de retirarlos de la parrilla.

8. Conservarlos al calor y asar los pimientos.

9. Pelarlos, cortarlos en tiras y acompañar la carne.

Hígado a la veneciana

Ingredientes para 4 personas:

❖ 800 g de hígado de ternera ❖ 2 cebollas ❖ 1 vaso de vino blanco seco ❖ 1 cucharada de mantequilla ❖ 1 vasito de aceite de oliva ❖ laurel ❖ 1 ramita de perejil ❖ pimienta ❖ sal

Preparación

1. Limpiar el hígado quitándole la piel que lo cubre; cortarlo en tiritas.
2. Pelar y cortar o picar la cebolla; picar fino el perejil.
3. Calentar el aceite con la mantequilla y sofreír la cebolla con unas hojas de laurel; cuando la cebolla empiece a dorarse, retirar del fuego y dejar templar.
4. Añadir el hígado, el perejil y salpimentar y cocer a fuego suave unos minutos.
5. Quitar la hoja de laurel y agregar el vino; dejar hervir hasta que se consuma y servir.

Sesos de ternera a la mantequilla

Ingredientes para 4 personas:

❖ *4 sesos de ternera* ❖ *300 g de mantequilla* ❖ *4 ramas de apio* ❖ *4 hojas de laurel* ❖ *4 ramitas de romero* ❖ *8 ramitas de perejil* ❖ *2 dl de vinagre* ❖ *sal* ❖ *pimienta*

Preparación

1. Limpiar los sesos y sazonar con sal; picar el perejil.
2. Calentar a fuego suave un cazo grande con agua; añadir el vinagre, los sesos, el apio, el laurel y el romero y cocer durante 15 minutos.
3. Escurrir los sesos y cortarlos en lonchas; reservarlos calientes en una fuente.
4. Calentar la mantequilla en una sartén a fuego suave; cocer hasta que se vuelva oscura.
5. Poco antes de finalizar la cocción, agregar el perejil picado y sazonar con una pizca de sal y pimienta; mezclarlo bien todo.
6. Bañar los sesos con la mantequilla muy caliente.
7. Servir.

Ternera con sidra a la Villaviciosa

Ingredientes para 4 personas:

❖ 8 medallones de babilla de ternera ❖ 1 vaso de sidra ❖ perejil ❖ 1 cucharada de harina ❖ 100 g de tocino cortado en tiras ❖ 3 dientes de ajo ❖ 1 cebolla ❖ 250 g de guisantes desgranados y cocidos ❖ 1 tazón de caldo ❖ aceite ❖ sal

Preparación

1. Pelar y picar finamente las cebollas y el ajo; triturar el perejil.
2. A continuación mechar los medallones de carne con las tiras de tocino.
3. En una cazuela plana de barro con aceite caliente, sofreír la cebolla durante unos segundos y añadir ajo y perejil.
4. Enseguida rociar el sofrito con un toque de sidra natural y dejar cocer a fuego lento hasta que la sidra se haya mermado.
5. Disolver en la salsa 1 cucharada de harina, rociar con el caldo y agregar los guisantes.
6. Espolvorear con sal.
7. Aparte, en una sartén con un poco de aceite caliente, dorar los medallones de carne por ambos lados.
8. Disponerlos en la cazuela con la salsa y dejarlos a fuego lento 30 minutos.
9. Rectificar la sal.
10. Servir la carne adornada con los guisantes a su alrededor.

Crêpes rellenos de carne al queso

Ingredientes para 4 personas:

❖ 1/4 de kg de carne de ternera picada ❖ 200 g de queso mozzarella ❖ 100 g de queso parmesano rallado ❖ aceite de oliva ❖ 1 huevo ❖ 1/4 de l de leche ❖ 6 cucharadas soperas de harina ❖ 3 cucharadas soperas de azúcar ❖ sal ❖ 1/2 cucharadita de levadura ❖ el zumo de 1/2 limón ❖ mantequilla

Preparación

1. En un bol colocar la harina, el azúcar, el huevo, la levadura y el zumo de limón. Batirlo muy despacio, añadiendo poco a poco la leche, hasta obtener una pasta homogénea.

2. En una sartén pequeña derretir un poco de mantequilla e ir haciendo las crêpes con la pasta, hasta que ésta se termine. Reservar las crêpes al calor.

3. En una fuente honda mezclar la carne picada con los ajos y el perejil, bien picadito, sal y pimienta. Sofreír la carne en una sartén con aceite, dándole vueltas con un tenedor de madera. Espolvorear con el queso rallado y agregar la mozzarella en trocitos.

4. Poner un montoncito de la mezcla de carne y queso en cada crêpe, enrollarlos, cerrarlos con un palillo e irlos colocando en el plato de servir, decorados con unas hojitas de perejil.

Ternera en salsa

Ingredientes para 6 personas:

❖ 1 kg de babilla o aleta de ternera ❖ 3 cebollas ❖ 6 pimientos choriceros ❖ 12 almendras crudas ❖ 1 cucharada de manteca ❖ 1 vaso de vino blanco ❖ aceite ❖ harina ❖ ajo ❖ pimienta ❖ sal

Preparación

1. Poner los pimientos en remojo.
2. Partir la carne en dados y sazonar con sal y pimienta.
3. Poner la manteca y un poco de aceite en una cazuela. Freír en ella los trozos de carne, pasados por harina. Darles vueltas para que no se peguen.
4. Freír en una sartén la cebolla picada, despacio hasta que esté muy blandita; añadir un ajo picado.
5. Rascar los pimientos y añadir su carne a lo anterior.
6. Majar las almendras con un poco de agua y agregar también a lo anterior.
7. Sazonar con sal y un poco de pimienta.
8. Dejar hervir la salsa muy despacio durante 5 minutos.
9. Pasar por el pasapurés y verter sobre la carne, apretando mucho para que salga todo el jugo.
10. Añadir un vaso de vino blanco y otro de caldo o agua.
11. Tapar la cazuela y cocer hasta que la carne esté blanda.

«Cap i pota» con pimientos

Ingredientes para 4 personas:

❖ 400 g de pata de ternera (comprada ya hervida) ❖ 400 g de cabeza de ternera (comprada ya hervida) ❖ 2 butifarras crudas ❖ 2 pimientos rojos ❖ 3 pimientos verdes ❖ guindilla ❖ 500 g de tomates maduros ❖ 3 berenjenas ❖ 2 cebollas ❖ 60 g de harina ❖ 1 dl de jerez seco ❖ 2 dl de agua ❖ 3 dientes de ajo ❖ perejil ❖ sal ❖ pimienta

Preparación

1. En una sartén o cazo grande, con aceite, rehogar las cebollas cortadas en dados, y los pimientos rojos, dejar cocer un poco y añadir el pimiento verde cortado en dados y un trozo de guindilla; dejar cocer 5 minutos.

2. Seguidamente, añadir las berenjenas cortadas en dados (previamente peladas, saladas y dejadas en la escurridera 1 hora), remover con cuidado y añadir el jerez; dejar evaporar.

3. Añadir los tomates, pelados y cortados pequeños, dejar reducir un poco, espolvorear con la harina, dejar dorar.

4. Cuando tome un poco de color, echarle el vaso de agua tibia; cocer muy lentamente 10 minutos.

5. En una cazuela, colocar cortados en trozos la pata y la cabeza de ternera, las butifarras crudas sin piel y un poco chafadas con un tenedor.

6. Verter en la cazuela encima del «cap y pota», todo lo preparado en la sartén, remover suavemente, poner un poco de pimienta molida, y dejar cocer 20 minutos más, muy lentamente.

7. Servir en la misma cazuela, caliente, espolvoreando con un poco de perejil picado.

Fiambre de ternera

Ingredientes para 6 personas:

❖ 500 g de ternera picada ❖ 100 g de tocino fresco picado ❖ 100 g de jamón serrano ❖ miga de pan ❖ medio vasito de jerez ❖ 2 trufas ❖ 2 higaditos de pollo ❖ 2 huevos ❖ sal de cebolla ❖ perejil ❖ mantequilla ❖ pimienta ❖ sal

Preparación

1. Colocar en un cacharro la carne con el tocino y el jamón picados.

2. Machacar encima los higaditos (sin la piel), deshacer la miga e incorporar junto con el jerez; aliñar con la sal, la pimienta y el perejil, cascar los huevos y revolver con todo.

3. Engrasar el molde e incorporar el preparado; meterlo en el horno al baño María durante 1 hora, aproximadamente.

4. Pincharlo antes de ese tiempo y si no suelta líquido rosado y se desprende de los bordes, es que ya está.

5. Apartar y dejar enfriar en su mismo molde.

6. Puede acompañarse de huevo hilado.

Lengua de ternera estofada

Ingredientes para 4 personas:

❖ 1 lengua de ternera de tamaño regular ❖ aceite ❖ perejil ❖ 1 hoja de laurel ❖ tomillo ❖ 3 zanahorias ❖ 1 cebolla ❖ 2 dientes de ajo ❖ 2 tomates maduros ❖ sal ❖ pimienta ❖ 1 clavo de especia

Preparación

1. Si la lengua no está ya cocida al comprarla, hervirla unas 2 horas en una olla con agua hirviendo y sal.

2. Pelar las cebollas y zanahorias y cortarlas en rodajas; pelar los ajos; lavar los tomates; lavar también una rama de perejil.

3. Cuando la lengua esté cocida, rehogarla unos minutos con aceite hirviendo.

4. Enseguida, poco a poco, añadirle la cebolla, las zanahorias, los dientes de ajo, los tomates enteros y la rama de perejil.

5. Cuando la lengua y los ingredientes empiecen a tomar algo de color, añadir el laurel, el clavo de especia, el tomillo, sal y pimienta.

6. Rociar con un poco de agua tibia, tapar la cazuela y dejarla a fuego muy lento unas 3 horas.

7. Añadir caldo, si es necesario.

8. Retirar la lengua, cortarla en rodajas y disponerla en una fuente para servir, adornada con las zanahorias y rociada con la salsa pasada por un colador fino o por el chino.

9. Se puede acompañar también con patatas fritas cortadas a dados.

Hígado a la andaluza

Ingredientes para 6 personas:

❖ 1 kg de hígado de ternera ❖ 1 cebolla ❖ 250 g de puré de tomate ❖ 3 dientes de ajo ❖ 1 cucharada pequeña de harina ❖ 2 hojas de laurel ❖ 1/2 taza de caldo ❖ 6 rebanadas de pan ❖ perejil ❖ aceite ❖ vinagre ❖ sal ❖ pimienta negra molida

Preparación

1. Cortar el hígado en filetes no muy grandes; sazonar con sal y pimienta.

2. En una sartén con aceite caliente, freír el hígado a fuego vivo unos instantes.

3. Enseguida retirar el hígado de la sartén y ponerlo en una cazuela.

4. En otra sartén con un poco de aceite, freír la cebolla y, una vez dorada, añadir la harina dejándola tostar; a continuación, añadir el vinagre, el caldo, el laurel, el ajo machacado y el puré de tomate.

5. Dejar cocer todo junto durante unos minutos, removiendo constantemente.

6. Verter el sofrito en la cazuela del hígado y dejarlo cocer por espacio de 15 minutos.

7. Distribuir los filetes en una bandeja, adornar con pan frito, cubrirlos con la salsa y espolvorear con perejil picado. Servir caliente.

Ternera con jamón y queso

Ingredientes para 4 personas:

❖ 8 filetes de ternera de unos 100 g cada uno ❖ 4 lonchas de jamón dulce ❖ 4 lonchas de queso tierno ❖ 100 g de pan rallado ❖ 3 huevos ❖ 3 dientes de ajo ❖ 3 dl de aceite ❖ 1 cucharada de perejil ❖ sal

Preparación

1. Pelar y cortar en tiras las patatas; pelar y picar muy finos los dientes de ajo.

2. Aplastar los filetes con un mazo para aplanarlos; salarlos.

3. Poner los filetes en una bandeja, espolvorearlos con el ajo picado y dejarlos 15 minutos en reposo.

4. Mientras, batir los huevos en un bol y añadir el perejil; mezclar bien.

5. Colocar el pan rallado en un plato hondo; limpiar los filetes de sal y ajo.

6. Poner encima de 4 filetes una loncha de jamón y una de queso y tapar con los 4 filetes restantes; untar los filetes en el huevo y después rebozarlos con el pan.

7. Calentar el aceite en una sartén amplia y freírlos; escurrirlos y reservarlos calientes; colar el aceite y freír las patatas.

8. Poner los filetes rellenos con las patatas en una bandeja y servir.

Entrante de hígado

Ingredientes para 4 personas:

❖ *500 g de hígado de ternera* ❖ *1/2 guindilla* ❖ *4 dientes de ajo* ❖ *aceite de oliva* ❖ *sal*

Preparación

1. Pelar y trinchar finamente los dientes de ajo.

2. Trocear el hígado en cuadrados de unos 2 cm.

3. En una cazuela de barro con aceite caliente, sofreír ligeramente los dientes de ajo triturados y la guindilla.

4. Añadir enseguida el hígado troceado y espolvorear con sal.

5. Dorar el hígado unos minutos, mezclar para que embeba bien el ajo y guindilla y dejar a fuego lento hasta que esté en su punto.

6. Servir caliente en cazuelitas de barro individuales.

Estofado de ternera

Ingredientes para 4 personas:

❖ 1 kg de carne de ternera, aguja o morcillo ❖ 1 cebolla ❖ 600 g de patatas ❖ 1 cabeza de ajos ❖ 1 hoja de laurel ❖ tomillo ❖ pimienta ❖ 1 dl de vino blanco seco ❖ 1/2 l de aceite ❖ sal

Preparación

1. Trocear la ternera en dados de unos 3 cm.

2. Pelar y cortar la cebolla y los ajos, éstos en forma de filete.

3. En una cazuela de barro, poner los dados de ternera, la cebolla y el ajo.

4. A continuación, verter 1 1/2 dl de aceite, el vino, y 1 dl de agua.

5. Añadir las hierbas aromáticas y salpimentar.

6. Tapar la cazuela y dejar que cueza lentamente durante 1 hora y 30 minutos.

7. Pelar y cortar en dados las patatas; freírlas en abundante aceite.

8. Cuando el estofado esté en su punto, añadir las patatas fritas y escurridas, dar unas vueltas, y servir en la misma cazuela.

Ternera con setas

Ingredientes para 4 personas:

❖ 1,200 kg de ternera de la parte de la culata
❖ 800 g de setas («pinetells», «rovellons», «rossinyols») ❖ 1 cebolla ❖ 1 zanahoria
❖ 4 tomates maduros ❖ 150 g de harina ❖ 50 g de manteca de cerdo
❖ 2 dl de aceite ❖ sal ❖ 1 hoja de laurel ❖ pimienta en grano
❖ 3 clavos de especia ❖ 1 dl de aguardiente

Preparación

1. Primeramente cortar la carne en lonchas de unos 40 g cada una, sazonar, enharinar.
2. Freír en una sartén con manteca de cerdo y aceite mezclado.
3. Cuando se vayan dorando, retirar y reservar.
4. En una cazuela de barro, poner el aceite sobrante de la sartén, calentar y rehogar la zanahoria cortada en rodajas finas, la cebolla cortada a la pluma y el laurel.
5. Dejar cocer un poco y añadir los tomates en trozos.
6. Cuando esté todo bien sofrito, salpimentar, añadir los clavos de especia, el aguardiente y agua caliente hasta cubrirlo.
7. Dejar hervir unos minutos y añadir la carne; dejar cocer poco a poco.
8. Cuando esté casi cocido, retirar del fuego.
9. Sacar la carne y colar la salsa por el chino.
10. Poner la carne en la cazuela y derramar la salsa por encima.
11. Lavar bien las setas, cortarlas en trozos, rehogar un poco en la sartén con aceite caliente.
12. Añadir las setas a la cazuela, junto con la carne y salsa.
13. Dejar cocer unos 10 minutos todo junto.
14. Rectificar de sal.
15. Servir caliente.